Lyotard og det postmoderne samfund
Elementer til en receptionshistorie

Af samme forfatter

Jean-François Lyotard. Sprog, teknik, filosofi, Aarhus Universitetsforlag, Århus 1989

Filosofiske forskydninger. En bog om Jean-François Lyotard (red. m. F. Frandsen), Akademisk Forlag, København 1989

Lyotard og striden. Læsninger af Le différend (red.), Slagmark, Århus 1990

Lyotard, les déplacements philosophiques (red. m. F. Frandsen, D. Pirotte), De Boeck-Wesmael, Bruxelles 1993

Paul Virilio. Krigen, byen og det politiske (red. m. H.N. Petersen), forlaget politisk revy, København 1994

Foucaults masker (red. m. K.O. Eliasen, J.E. Kristensen), Modtryk/Spartacus, Århus/Oslo 1995

Virilio. Essays om dromologi, Introite!, København 2001

Media History. Theories, Methods, Analysis (red. m. S. Kolstrup), Aarhus Universitetsforlag, Århus 2002

The Internet and Society? Questioning Answers and Answering Questions (red. m. H. Bødker), Center for Internetforskning, Skrifter fra Center for Internetforskning, 05, Århus 2002

Strukturalisme (m. O. Vigsø), Samfundslitteratur/Roskilde Universitetsforlag, København 2002 (svensk udgave: *Strukturalism*, Studentlitteratur, Lund 2004)

Archiving Websites. General Considerations and Strategies, Center for Internetforskning, Århus 2005

Lyotard og det postmoderne samfund

Elementer til en receptionshistorie

Niels Brügger

Niels Brügger *Lyotard og det postmoderne samfund. Elementer til en receptionshistorie*
1. udgave 2006

Personligt netsted: http://imv.au.dk/~nb
Email: nb@imv.au.dk

Omslagsdesign: Marianne Bruun Elkjær og Lasse Meldgaard
Omslagsillustration: Camilla Adami, blyanttegning af Jean-François Lyotard, 1983 (venligst udlånt af Finn Frandsen)
Layout og sats: Niels Brügger
Forlag: Books on Demand GmbH, København, Danmark
Tryk: Books on Demand GmbH, Norderstedt, Tyskland

ISBN 13: 978-87-7691-135-5
ISBN 10: 87-7691-135-7

Pris: 85,00 kr.
Bogen kan bestilles i enhver dansk boghandel — såvel på som uden for nettet — eller via Books on Demands netsted www.bod.dk.

Indhold

Forord

Den følgende tekst handler om, hvorledes den nu afdøde franske filosof Jean-François Lyotards bog *Viden og det postmoderne samfund* blev læst i 1980erne inden for den akademiske verden i henholdsvis Frankrig, Danmark og hos Lyotard selv.

Teksten har imidlertid en meget omskiftelig forhistorie, som kort skal opridses. I 1979 udgav Lyotard bogen *La condition postmoderne*, og den udkom tre år senere på dansk med titlen *Viden og det postmoderne samfund*, oversat af Finn Frandsen og udgivet på det lille århusianske forlag Sjakalen.

Bogen blev hurtigt udsolgt, og i midten af 1990erne valgte det idéhistoriske tidsskrift *Slagmark* at genudgive den. I den forbindelse planlagde undertegnede og Finn Frandsen, der begge var medlem af *Slagmarks* redaktionsgruppe, at forsyne genudgivelsen med et receptionshistorisk efterskrift, der skulle skitsere de væsentligste danske og internationale læsninger af Lyotards bog. Jeg skulle tage mig af receptionen i Frankrig og Danmark samt i Lyotards senere værker, mens Finn Frandsen skulle skrive indledning samt behandle læsningerne i henholdsvis Tyskland og de angelsaksiske lande.

Det stod dog hurtigt klart, at det, vi havde forestillet os som et efterord, truede med at blive større end den tekst, det skulle efterfølge. Vi valgte derfor at lave efterordet til en selvstændig bogudgivelse med titlen *Jean-François Lyotard og den postmoderne betingelse. Elementer til en receptionshistorie*. Af det reklamemateriale, der i januar 1997 blev udsendt i forbindelse med *Slagmark*s genudgivelse af *Viden og det postmoderne samfund*, fremgik det, at det planlagte receptionshistoriske bind ville udkomme ganske få måneder senere, nærmere bestemt februar/marts 1997.

Jeg afsluttede min del af dette bogmanuskript i februar 1997, men af forskellige årsager blev de resterende kapitler ikke skrevet færdig, og da jeg selv samtidig skiftede fagområde — fra nyere fransk filosofi og idéhistorie til medievidenskab — gled dette bogprojekt i baggrunden.

Imidlertid er jeg gennem årene ved flere lejligheder stødt på studerende, kolleger og andre, som af forskellige årsager ikke havde fulgt diskussionerne af 'det postmoderne' i 1980erne særlig tæt og derfor ikke kendte til den rolle, *Viden og det postmoderne samfund* havde spillet inden for human- og samfundsvidenskaberne i denne periode. Tanken har derfor flere gange strejfet mig, at mit glemte, halve bogmanuskript måske kunne tjene et formål. Jeg har derfor nu fundet det frem fra gemmerne og udgiver det som en selvstændig bog — i 10-året for den planlagte udgivelse.

Bortset fra en kort indledning (kapitel 1), enkelte mindre korrektur- og formuleringsrettelser samt tilføjelse af enkelte mindre passager, der tjener til at binde teksten sammen, så fremstår den følgende tekst som da mit manuskript blev afsluttet i 1997 (hvor tilføjelserne kan virke meningsforstyrrende, er der tilføjet [2006] bagefter). De mange senere kommentarer til Lyotards bog er således ikke med, ligesom de behandlede forfatteres eventuelle senere ændrede reception heller ikke er med. Endelig skal det nævnes, at teksten i kapitel 4 — 'Lyotard om *La condition postmoderne*' — i den mellemliggende periode er udkommet i en delvist omarbejdet form som selvstændig artikel.[1]

Denne forhistorie kan således forklare det lidt tilfældige og begrænsede emnevalg — kun den danske og den franske reception — idet der ret beset er tale om en halv hel bog.

Da diskussioner af det postmoderne de seneste år synes at være blevet en del af de humanistiske videnskabers begrebs*historie* snarere end et aktuelt diskussionstema, forestiller jeg mig ikke, at bogen i dag har en bred appel ud over særligt interesserede, og jeg har derfor ikke fundet det umagen værd at kontakte et traditionelt forlag med henblik på eventuel udgi-

1. "Lyotard, det postmoderne og det politiske" i C.B. Laustsen & A. Berg-Sørensen (red.) *Den ene, den anden, det tredje: Politisk identitet, andethed og fællesskab i moderne fransk tænkning*, forlaget politisk revy 1999.

velse (bortset fra en henvendelse i 2002 til *Slagmark*, der var enige med mig heri). Bogen udgives derfor af Books on Demand som print on demand, dvs. den udkommer kun, når nogen vil købe et eksemplar.

Ikke desto mindre er det mit håb, at bogen — til trods for ovennævnte begrænsninger — alligevel vil kunne bidrage til at afdække en væsentlig facet af det akademiske diskussionsrum i 1980erne.

Lyotard fik således ikke ret i den forudsigelse, han i 1983 fremsatte i indledningen til det filosofiske hovedværk *Le différend* som en kommentar til computerens stigende udbredelse: "Donc, il n'y aura plus de livres, le siècle prochain" — "I det næste århundrede vil der ikke længere findes bøger". Der findes faktisk bøger i dag, de udgives i stadig stigende antal, og — ikke mindst — så udkommer nogle bøger kun, fordi computere i netværk gør dem mulige. Som for eksempel denne.

Århus, oktober 2006

1. Indledning [2006]

> Kunstnerens, forfatterens eller filosoffens modtager er ikke publikum, og jeg vil endda sige ikke engang kunstnernes, forfatternes eller filosoffernes 'fællesskab'. Egentlig ved han ikke, hvem der er hans modtager, og dette er netop at være kunstner, forfatter osv. Med andre ord sender han et 'budskab' ud i ørkenen.
>
> J.-F. Lyotard, "Den intellektuelles grav", 1983

Der er i dag ingen tvivl om, at Lyotard på godt og ondt er uløseligt knyttet til og identificeret med begrebet 'det postmoderne', samt at dette begreb — ligeledes på godt og ondt — har bevæget sig fra human- og samfundsvidenskabelige diskussioner og ind i dagligsproget. Helt centralt i disse to bevægelser står *Viden og det postmoderne samfund*: det er i og med denne bog, at koblingen Lyotard/'det postmoderne' foregår — det er den bog, man må forholde sig til, være for eller imod, når talen er om 'det postmoderne' —, og det er oftest den, der henvises til i den bredere offentlighed. Begge dele til trods for dels at Lyotards værk er mere og andet end 'det postmoderne', dels at 'det postmoderne', som det præsenteres i *Viden og det postmoderne samfund* ofte er mere præcist formuleret end den brug, der gøres af ordet i dagligsproget.

Viden og det postmoderne samfund er med andre ord blevet en klassiker, og i *virkningshistorisk* henseende er der ingen tvivl om, at bogen er Lyotards hovedværk, til trods for at han selv snarere ser den som et skridt på vejen i retning af det, han selv betragtede som sit filosofiske hovedværk, nemlig *Le différend* fra 1983 — en bog, der ikke tilnærmelsesvis har nået samme udbredelse som *Viden og det postmoderne samfund*, og hvori ordet 'det postmoderne' i øvrigt er (stort set) fraværende (jf. kapitel 4).

De elementer til en receptionshistorie, der skal opridses i det følgende, slår udelukkende ned på nogle af de væsentligste og mest udfoldede diskussioner af *Viden og det postmoderne samfund.*

Formålet er således hverken at tegne et komplet billede af receptionen — hverken inden for den akademiske verden eller i den bredere offentlighed —, eller at fokusere på diskussionerne af 'det postmoderne' generelt, herunder eksempelvis de forskellige betydninger, der efter 1979 er blevet tillagt dette begreb i den human- og samfundsvidenskabelige litteratur i almindelighed. Fokus er således på enkelte væsentlige positioner i den umiddelbare sam- og eftertids reception.

Formålet er heller ikke at diskutere 'korrektheden' og rækkevidden af de forskellige kommentarer til *Viden og det postmoderne samfund.* I den forbindelse er det primære sigte blot at give en så nøgtern fremstilling som muligt.

Og endelig er det ikke ambitionen at give en generel introduktion til hele Lyotards forfatterskab eller til andre temaer heri.

Slutteligen et par praktiske kommentarer. For det første er der i det følgende bevidst anvendt mange citater, idet flere af de behandlede tekster sikkert ikke er særlig velkendte for de fleste. For det andet citeres *Viden og det postmoderne samfund* fra *Slagmark*s genudgivelse fra 1996. Og for det tredje: i de tilfælde hvor der citeres fra et værk, der ikke findes i dansk oversættelse, er citaterne oversat af undertegnede.

◆

Men hvilken skæbne fik det budskab, Lyotard i 1979 sendte ud i ørkenen i form af *Viden og det postmoderne samfund*? Hvordan blev budskabet modtaget i den akademiske verden i Frankrig og i Danmark? Og hvorledes arbejdede Lyotard selv videre i de spor, bogen lagde ud?

2. *La condition postmoderne* i Frankrig

La condition postmoderne var genstand for megen diskussion i Frankrig. I det følgende præsenteres seks af de væsentligste kritiske kommentarer: Gilles Lipovetsky, Alain Badiou, Michel Foucault, Jacques Bouveresse samt Luc Ferry & Alain Renaut.[2]

Gilles Lipovetsky

Filosoffen Gilles Lipovetsky diskuterer i essaysamlingen *L'ère du vide* fra 1983 forholdet mellem individualisme og forbruger- og massesamfundet.[3] Analysen rettes mod samtiden, dvs. 1970erne og 80erne, en periode der af Lipovetsky betegnes 'postmoderne'. Vel vidende at ordet 'postmoderne' bærer mange og ofte modsatrettede betydninger, afstår Lipovetsky ikke fra

---

2. En grundig redegørelse for diskussionerne i Frankrig i forlængelse af Lyotards bestemmelse af 'det postmoderne' gives eksempelvis i C. Ozuch "L'attrait pour le ténu" samt A. Lhomme: "Le Schibboleth des années quatre-vingt?" (begge i *Les cahiers de philosophie*, 6, Lille 1988) samt i C. Ruby *Le champ de bataille post-moderne/néo-moderne*, L'harmattan 1990, og i Y. Boisvert *Le monde postmoderne. Analyse du discours sur la postmodernité*, L'harmattan 1996.
3. G. Lipovetsky: *L'ère du vide. Essais sut l'individualisme contemporain*, Gallimard 1983.

at diskutere begrebet, og i den forbindelse give sin egen udlægning. Udgangspunktet er, at det postmoderne nødvendigvis må forstås i tæt tilknytning til det, det efter sigende skulle komme efter, nemlig det moderne. Bestemmelsen af det postmoderne er derfor uløseligt knyttet til en genealogi over det moderne, hvilket for Lipovetsky vil sige tiden fra midten af det 19. århundrede og frem.

I dette genealogiske arbejde opfattes moderniteten som en kompleks periode, hvor to modsatrettede logikker på samme tid er virksomme. På den ene side en disciplinær og autoritær logik, der er præget af strenghed, ensartethed og tvang, på den anden side en autonom og individualistisk logik, der er kendetegnet ved fleksibilitet, valgfrihed og forførelse. Af disse to tendenser har den disciplinære været dominerende frem til 1960erne, hvor der imidlertid kan spores en afgørende ændring, idet "de vestlige samfund i stadig stigende grad bevæger sig i retning af at forkaste de ensartede strukturer og at generalisere de personorienterede systemer, der er baseret på opfordring, valg, kommunikation, information, decentralisring, deltagelse." (p. 161). Netop denne ændring i dominansforholdet mellem de to logikker er ifølge Lipovetsky den grundlæggende faktor i det postmoderne samfund. Det postmoderne er derfor hverken noget andet end det moderne eller noget, der står i modsætning til det moderne; derimod kan man tale om et postmoderne samfund, når den autonome tendens, der allerede er indlejret i det moderne, generaliseres og udstrækkes til flere og flere områder, samtidig med at det disciplinære begrænses tilsvarende.

Hermed åbnes der for en polemik med Lyotard. Med direkte adresse til *La condition postmoderne* slår Lipovetsky fast, at man ikke skal "opfatte samtiden som et fuldstændig enestående øjblik i historien. Hvis man kun ser på den nærmeste fortid — og derved skjuler det historiske felt — så overvurderes det post-moderne snit, og det overses, at det stadig — omend med andre midler — fortsætter de demokratisk-individualistiske moderne samfunds sekularisering." (p. 163). Når Lyotard hævder, at sprogspillenes heteromorfi ophæver værdien af en universel konsensus, og at frigørelsen fra megasystemers ensliggørelse af det Sande frisætter individet og betoner de midlertidige kontrakter, så er der hverken tale om noget nyt eller om et brud med det moderne, men blot om det seneste stadie i de moderne samfunds fortsatte tilbliven. "De store fortællingers sprængning", som Lipovetsky kalder det (p. 164), er således allerede foregrebet og tilstede i det moderne.

Lipovetsky er derfor både enig og uenig med Lyotards bestemmelse af det postmoderne i *La condition postmoderne*: enig for så vidt det postmoderne markerer en øget autonomi, uenig for så vidt dette fænomen ikke skal opfattes som et brud med 'det moderne'.

Alain Badiou

I kampskriftet *Manifest for filosofien* undersøger filosoffen Alain Badiou i 1989 filosofien og dens mulighedsbetingelser i dag.[4] I den forbindelse diskuteres flere af samtidens filosoffer, herunder Lyotard og *La condition postmoderne.* For Badiou vækker det især bekymring, at Lyotard omtaler det moderne som en afsluttet periode, der afløses af det postmoderne; han formulerer det således: "Det har aldrig været særlig beskedent at bekendtgøre et 'endeligt', en fuldendelse, en radikal blindgyde. Bekendtgørelsen af "de store fortællingers endeligt" er lige så ubeskeden som selve den store fortælling [...]. Historiens Endeligt og enden på dette Endeligt er to alen ud af et stykke." (p. 31). Derimod befinder filosofien sig i dag — ifølge Badiou — stadig inden for rammerne af den moderne filosofi, dvs. overordnet set subjektfilosofien fra Descartes; filosofien, hverken den moderne eller filosofien overhovedet, er på nogen måde afsluttet: "Jeg hævder ikke kun, at filosofien er mulig i dag, men også at denne mulighed ikke kun tager form af en rejse gennem et endeligt. Det handler tværtimod om at vide, hvad det vil sige: at gå et skridt videre. Et enkelt skridt. Et skridt i den moderne konfiguration, der siden Descartes forbinder de

4. A. Badiou: *Manifest for filosofien*, Slagmark 1991 (fransk udg. 1989).

tre nøglebegreber væren, sandhed og subjekt til filosofiens betingelser." (p. 32).

Det er således en tredobbelt kritik, Badiou retter mod Lyotards bestemmelse af det postmoderne. For det første er selve det at bestemme det postmoderne som et brud med det moderne, der hermed skulle være afsluttet, en tanke, der om nogen befinder sig inden for et moderne tankerum. For det andet tenderer udbasuneringen af 'de store fortællingers endeligt', som Badiou kalder det, selv imod at blive en stor fortælling. Og for det tredje må en filosofi, der i dag vil være sig sit navn bekendt, tænke videre inden for det moderne tænkerum.[5]

Michel Foucault

I 1983 bliver idehistorikeren Michel Foucault i et interview spurgt, hvorvidt han betragter sig selv som en del af den postmoderne strømning.[6] Imidlertid synes han ikke helt at kunne identificere, hvad der hentydes

---

5. I *Manifest for filosofien* retter Badiou også en kritik mod Lyotards værk fra 1983 *Le différend* (denne kritik ses allerede i Badious anmeldelse af samme bog "Custos, quid noctis?", *Critique*, 450, Paris 1984). I øvrigt kan der henvises til diskussionen mellem Badiou og Lyotard i *Le cahier du collège international de philosophie*, 8, 1989, pp. 227-245, 254-263.
6. "Strukturalisme og poststrukturalisme — interview med Michel Foucault" i L.-H. Schmidt & J.E. Kristensen (red.) *Foucaults blik*, Modtryk 1985.

til: "Hvad er det vi kalder 'postmodernitet'? Jeg er ikke up to date." (p. 41). Spørgeren Gérard Raulet bringer herefter Foucault på højde med sin samtid ved at henvise til Lyotard, der hævdes at opfatte det postmoderne som en fragmentering af den 'store Fortælling' om den moderne fornuft. Foucault vægrer sig dog stadig ved at svare på, hvad det postmoderne måtte være, først og fremmest fordi han "aldrig rigtig klart forstod, hvad der i Frankrig mentes med ordet 'modernitet'" (p. 41). Raulet antyder da, at det moderne måske kunne identificeres med ideen om en enhedslig og totaliserende Fornuft, som alle former for rationalitet havde pant i. Dette leder Foucault til følgende svar på spørgsmålet om det moderne, det postmoderne og fornuften: "For mig er ingen given form for rationalitet faktisk Fornuften. Så jeg kan ikke se, hvordan man kan sige, at formerne for rationalitet, som har været herskende i de tre sektorer jeg lige nævnte [typer af viden, teknikformer og regerings- eller herredømmemåder], skulle være på vej til at kollapse eller forsvinde. Jeg ser overhovedet ingen forsvinden af den art. Jeg kan se mangfoldige transformationer, men jeg kan ikke se, hvorfor vi skulle kalde disse transformationer for fornuftens sammenbrud. Alle former for rationalitet skabes i det uendelige. Så der er overhovedet ingen mening i forslaget om, at fornuften skulle være en lang Fortælling, som nu er afsluttet, og at en anden fortælling er på vej." (p. 42).

Det lykkes således Foucault at anfægte Lyotards bestemmelse af det postmoderne i *La condition postmoderne* på to punkter. En første indvending er, at totaliteten af alle de forskellige rationalitetsformer aldrig har været identisk med og underordnet en stor fortælling om Fornuften; den store fortælling kan ikke bryde sammen, for der har aldrig været nogen stor fortælling. Dette fører direkte til den anden indvending. Selv hvis man fastholdt ideen om det moderne som en stor fortælling om Fornuften, ville den, der hævdede, at der netop her og nu var tale om en afslutning på Fornuftens herredømme i høj grad fremsætte denne diagnose ved hjælp af et af det modernes kernebegreber, nemlig ideen om bruddet med fortiden; for Foucault er der derimod ikke tale om at Fornuften bryder sammen, men snarere om at de forskellige rationalitetsformer transformeres.

Jacques Bouveresse

Imidlertid er det ikke kun spørgsmålet om forholdet mellem en moderne og en eventuel postmoderne epoke, der har vakt debat i Frankrig. Også Lyotards analysemetode har mødt kritik — en kritik, der indgående er fremført af Wittgenstein-specialisten Jacques Bouveresse. I bogen *Rationalité et cynisme* fra 1984 anklages store dele af samtidens mest kendte franske filosoffer for at være neo-irrationalister og anti-humanister.[7] En af dem, der er i søgelyset, er Lyotard.[8] Med udgangspunkt i angelsaksisk sprogfilosofi tager Bouveresse frem for alt Lyotards opfattelse af sprog under behandling; tre af angrebspunkterne skal kort skitseres.

For det første problematiseres Lyotards insisteren på, at sproghandlingerne udgår fra en 'generel agonistik', og det af to grunde. Dels ser Lyotard hermed stort på, at udvekslingen af sproglige elementer ofte foregår i et kommunikations- eller forståelsesmæssigt perspektiv, der ikke sætter det konfliktuelle i centrum; dels universaliserer Lyotard ét bestemt træk ved sproget, hvorved alle sprogspil underordnes et og samme imperativ, nemlig kampen. Disse to forhold bringer ifølge Bouveresse Lyotard i konflikt med hans erklærede inspirationskilde Wittgenstein, for hvem mangfoldigheden af sprogspil netop betød, at srogspillene havde forskellige indsatser.

For det andet anfægtes insisteringen på, at sprogspillenes regler grundlæggende er noget, man underkastes og derfor er noget, man kan (og skal?) bryde eller opfinde nye af: "For Lyotard er det indlysende, at det vigtigste ved reglerne er den 'krigeriske' fornøjelse, man føler ved at opfinde andre regler end de eksiste-

7. J. Bouveresse *Rationalité et cynisme*, Minuit 1984.

8. For en diskussion af Bouveresses kritik af Lyotards sprogopfattelse kan henvises til N. Brügger *Jean-François Lyotard. Sprog, teknik, filosofi*, Aarhus Universitetsforlag 1989, pp. 73-98, 115-119.

rende." (p. 147). Følger man Lyotards tankegang, eksisterer regler ikke for at blive fulgt, men for at blive benægtet og ændret, hvorfor regelbrud og kreativitet ses som noget i sig selv positivt; men hermed overses det, at man eksempelvis også kan finde fornøjelse i at følge de regler, der på et givent tidspunkt gælder i et sprogspil.

Og endelig vender Bouveresse sig for det tredje mod Lyotards placering af paralogien som mål for og legitimering af den videnskabelige diskurs. Ved udelukkende at fokusere på, at videnskaben dybest set hele tiden skal opfinde nye slag i form af nye ideer, overses et væsenligt element, der ifølge Bouveresse står klart hos videnskabsteoretikeren Paul Feyerabend, en af de teoretikere Lyotard i denne forbindelse læner sig op ad: til trods for det positive ved en systematisk spredning af modstridende forklaringer og teorier, så forbliver målet, at den videnskabelige erkendelse gør fremskridt, hvorfor uenigheden og konflikten aldrig i sig selv vil kunne være målet for videnskaben. Konsensus er derfor heller ikke noget, der konstant bør betvivles; derimod bør den betragtes som det egentlige mål for såvel forskning som dialog overhovedet.

Disse tre indvendinger opsamles tydeligt i følgende passage: "Paralogien, det vil sige den orden og destabilisering, som systemet ikke 'tillader', og som det ikke kan genindvinde med henblik på at forbedre sin ydeevne, udgør den eneste værdi, som filosofien fuldt og helt kan gøre til sin. Alt, hvad der kan fremme respekten for reglerne, almindelig kommunikation, enighed, konsensus osv., osv., er derimod dybest set mistænkeligt. [...] Lyotard synes at mene, at det netop er, når flere personer bliver og forbliver enige om et eller andet, at der opstår et alvorligt problem." (p. 130). For Bouveresse fremtræder Lyotard derfor som en traditionel anarkistisk og såre moderne filosof: dels har han vanskeligt ved at acceptere, hvis sproget og det sociale fungerer på fredelig og harmonisk vis, dels knytter han sine tanker til fænomener som konstant brud, overskridelse og uenighed, der synes at blive mål i sig selv.

Luc Ferry og Alain Renaut

I 1985 udgiver filosofferne Luc Ferry og Alain Renaut sammen bøgerne *Philosophie politique. Des droits de l'homme à l'idée républicaine* samt *La pensée 68. Essai sur l'anti-humanisme contemporain.*[9] Undertitlerne på de to værker antyder rammerne for de politisk-filosofiske diskussioner, forfatterne ønsker at føre: på den ene side menneskerettighederne og den republikanske ide, som Ferry og Renaut selv gør sig til talsmænd for, og på den anden side samtidens anti-humanisme som de anfægter.

I forsvaret af den 'republikanske ide' knytter Ferry og Renaut an til Oplysningstænkningens moderne hu-

9. L. Ferry & A. Renaut *Philosophie politique. Des droits de l'homme à l'idée républicaine*, PUF 1985 samt L. Ferry & A. Renaut *La pensée 68. Essai sur l'anti-humanisme contemporain*, Gallimard 1985.

manistiske værdier. Grundlaget for offentligheden og republikken må være, at en fornuftsmæssig kommunikation mellem mennesker ideelt set er mulig; og menneskeheden må i det mindste i retlig henseende udgøre en enhed, men vel at mærke en enhed, hvor respekten for forskellene ikke forsvinder. Ferry og Renaut peger i den forbindelse især på det tvetydige i at insistere på det heterogene og forskellene. Forskellighedens negative dimension er, at den bærer muligheden for barbari i sig: at menneskeheden dybest set er heterogen, dvs. delt i forskellige racer, klasser, kulturer osv., er grundlaget for enhver form for barbari. Skal forskelligheden vise sig som noget positivt, må den derimod transcenderes af en fordring om universalitet, eksempelvis det forhold at ingen a priori udelukkes fra kommunikationen.

Med udgangspunkt i dette republikanske perspektiv, der fastholder, at en fornuftsbaseret kommunikation er uomgængelig, og at den må knyttes til værdier med universel gyldighed, angriber Ferry og Renaut den anti-humanisme, der hævdes at kendetegne store dele af samtidens filosofi.

For det første er den kritik af den moderne humanisme og fornuften, der i dag fremføres, på ingen måde ny; den har været almindelig gennem de seneste to århundreder, hvilket eksempelvis den tyske romantik, Kierkegaard, Nietzsche og Heidegger nævnes som eksempler på. Ferry og Renaut kan derfor i *Philosophie politique* rette følgende kommentar til de af deres samtidige, heriblandt Lyotard, der fremstiller deres filosofi som ny og overskridende: "At ville foregive, at man først i dag opdager den tvivlsomme og undertrykkende karakter ved de store systemer eller — som man siger — de 'store fortællinger', udspringer af et program, der kun lader sig forklare gennem det armod, som fransk filosofi nogle gange synes at synke hen i." (p. 179).

For det andet peger Ferry og Renaut på de farer, der ligger i, at værdierne blot vendes om. Når samtidens filosoffer ganske uproblematisk sætter et lighedstegn, der betyder, at det universelle er identisk med mangel på respekt for forskelle, tager de fejl. I iveren efter at gøre op med enhver universalitetstænkning ses sprogspillenes heterogenitet udelukkende som noget i sig selv positivt, hvorved truslen om barbari overses. Og mindre fejlagtigt er det ikke ukritisk at sætte dissensus i stedet for konsensus som det overordnede mål for kommunikation. I den ensidige insistering på det konfliktuelle og paralogien overses det, at konsensus meget vel kan være mål for kommunikation, at konsensus derfor hverken er forældet eller suspekt, og at konsensus kun er mulig gennem diskussion. Med direkte adresse til Lyotard og *La condition postmoderne* formuleres deres synspunkt tydeligt i form af de to spørgsmål, der afslutter *La pensée 68*: "Man kan gansk enkelt stille et dobbelt spørgsmål: hvis denne konsensus er billiget og diskuteret frit, hvad er der da så forfærdeligt ved den? Og hvis man ikke søger at opnå den gennem fri diskussion, hvoraf skal den da udspringe, hvis ikke af vold?" (p. 288). Ferry og Renaut giver umiddelbart efter selv svaret: "Marx [...] har i det mindste lært os én ting: overlades interessernes heterogenitet fuldt og helt til sig selv, så er der i realiteten blot tale om den stærkestes lov" (p. 288).

Ferry og Renauts indvending mod *La condition postmoderne* er således dobbelt: på den ene side hævdes Lyotard at løbe åbne døre ind, og på den anden side antydes det, at han åbner en dør på klem, som helst skulle holdes lukket, idet den giver adgang til barbariet.[10]

---

10. I den polemiske artikel "La police de la pensée" (*L'autre journal*, 10, dec., Paris 1985, skrevet sammen med J. Rogozinski) går Lyotard kraftigt i rette med anti-humanismekritikken og Kantlæsningen i *La pensée 68* (og i øvrigt også med den irrationalismekritik, som Bouveresse fremfører i *Rationalité et cynisme*). Lyotard får svar på tiltale: Ferry kommenterer artiklen i "Y a-t-il une pensée 68?" (*Le débat*, 39, Paris 1986, pp. 52-53), Renaut diskuterer den i *L'ère de l'individu* (Paris 1989, pp. 279-288), og sammen svarer de i "Le sujet en procès" (i H. Nagl-Docekal & H. Vetter (red.) *Tod des Subjekts?*, Wien/München 1987, pp. 117-118).

3. *Viden og det postmoderne samfund* i Danmark

De overvejende positive

Semiotikeren Per Aage Brandt og historikeren Carsten Juhl er blandt de første, som i Danmark tager Lyotards ideer i *Viden og det postmoderne samfund* til sig, således som det eksempelvis ses i 1983 i det første nummer af tidsskriftet *Slagmark*. I teksten "En verden af sprog" spiller Lyotards overvejelser over fortællingen en væsentlig rolle i Brandts diskussion af narrativitet og diegese, mens bl.a. ideen om paralogi finder genklang i Juhls analyser i artiklen "Politikkens historie mellem totalitarismespørgsmålet og delegitimeringen".[11] Den

11. P.A. Brandt "En verden af sprog" og C. Juhl "Politikkens historie mellem totalitarismespørgsmålet og delegitimeringen", begge *Slagmark*, 1, Århus 1983. Også senere spiller *Viden og det postmoderne samfund* en rolle i disse to skribenters tekster, se hertil f.eks. P.A. Brandt & G. Warming "Postmodernisme?", *Politisk Revy*, 491, København 1985, P.A. Brandt "Tanken og det politiske" i P.A. Brandt *Sky og krystal*, forlaget politisk revy 1986, P.A. Brandt "Reparation!" i P.A. Brandt *Mere byrde til kulturen!*, forlaget politisk revy 1991. C. Juhl "Det moderne verdensbilledes efterskrift: Den post-moderne tilstand. Teser", *Kritik*, 72, København 1985, C. Juhl "Tilbageblik fra postmoderniteten", *Information*, 5. februar, København 1986, C. Juhl "Forord om Jean-François

udlægning af *Viden og det postmoderne samfund*, som Brandt og Juhl tilbyder det danske publikum, anfægter imidlertid sjældent Lyotards analyser, men placerer dem derimod i et udpræget positivt lys. En overvejende positiv holdning møder man ligeledes hos de fleste af de andre personer, som i deres egne analyser inspireres af *Viden og det postmoderns samfund*. I artiklen "Den glade nihilisme" fra 1984 begejstres teologen Helmut Friis bl.a. af overvejelserne over det ubestemmelige og forstyrrelsen af fornuften;[12] kunsthistorikeren Else Marie Bukdahl benytter i 1985 Lyotards overvejelser over det postmoderne som baggrund for sine analyser af det sublime, modernismen og billedkunsten i dag;[13] og endelig tager litteraturhistorikeren Morten Kyndrup i essaysamlingen *Det postmoderne* (Gyldendal 1985) afsæt i bl.a. *Viden og det postmoderne samfund*, når han skal ind-

---

Lyotards æstetik, om kunsten og om deres mission i dag" i J.-F. Lyotard *Om det sublime*, Akademisk Forlag 1994.

12. H. Friis "Den glade nihilisme", *Kritik*, 70, København 1984. For to kritiske kommentarer til Friis' måske lidt for glade nihilisme kan henvises til H. Wivel "Sidste skrig — om postmodernismens narreværk" samt P.E. Tøjner "Det omtvistelige", begge *Kritik*, 72, København 1985.

13. Se E.M. Bukdahl "Den postmoderne billedkunst og dens forudsætninger", *Kritik*, 72, København 1985 samt S. Brøgger, H. Heinsen, E.M. Bukdahl "Det postmoderne erkendelsesrum" i S. Brøgger, H. Heinsen, E.M. Bukdahl (red.) *Det lokale og det universelle*, Det kgl. danske Kunstakademi 1986.

kredse sin egen brug af 'postmodernisme' som kunsthistorisk begreb.[14]

De overvejende negative

Disse overvejende positive læsninger står imidlertid ikke alene. Et vidnesbyrd herom er romanisten Michel Olsen, der i bogen *Nye tendenser i fransk tænkning* fra 1985 bl.a. diskuterer, hvilken etik Lyotard kan få ud af sine betragtninger over sprogspillene.[15] Det slås fast, at sprogspillene med rette kan tilkendes et frigørelsespotentiale — eksempelvis foretager græsrodsbevægelser træk, der forskyder sprogspillenes grænser eller ændrer deres regler, f.eks. når de får lov at tage del i beslutninger, som de i følge eksisterende sprogspil ikke har ret til at være med i. Men hvad så med "de undertrykte, de der ikke kan komme til orde, undertiden fordi de er blevet dræbt?", spørger Michel Olsen (p. 123). Ganske vist sætter Lyotard en grænse for sprogspillenes frie udfoldelse, nemlig for så vidt han udelukker anvendel-

14. I øvrigt redigerede Finn Frandsen samt undertegnede i 1989 artikelsamlingen *Filosofiske forskydninger — en bog om Jean-François Lyotard* (Akademisk Forlag 1989) med henblik på at placere *Viden og det postmoderne samfund* i et bredere perspektiv, nemlig hele Lyotards forfatterskab. Denne bog udkom i en redigeret udgave på fransk med titlen *Lyotard, les déplacements philosophiques* (red. af N. Brügger, F. Frandsen, D. Pirotte), De Boeck-Wesmael 1993.

15. M. Olsen "Postmodernismen: Jean-François Lyotard" i M. Olsen: *Tendenser i moderne fransk tænkning*, København 1985.

sen af terror, f.eks. truslen om at en deltager afskæres fra at spille videre (hvilket i øvrigt bringer ham tæt på Habermas' diskursetik, jf. p. 126), men for så vidt denne yderste grænse er den eneste, der positivt sættes, så forekommer hans sprogspilsetik temmelig svag. Kravet om ikke at udøve terror er et vigtigt, men for spinkelt etisk grundlag, der ikke giver meget håb for "ofre for sult, undertrykkelse og udryddelse" (p. 126). Derfor lader Michel Olsen sin læsning af *Viden og det postmoderne samfund* slutte med følgende konstatering: "Spørgsmålet er imidlertid om den søgen efter et fælles forståelsesgrundlag er passé, som Lyotard flot erklærer det, når han kvitter den klassiske filosofis helhedssøgen. På det etiske felt er det ikke indlysende..." (p. 127).

Også teologen Troels Nørager fremfører en kritik af *Viden og det postmoderne samfund*, hvilket sker i artiklen "Det 'postmoderne' som filosofisk problem" fra 1986.[16] I et forsøg på at indkredse og diskutere en postmoderne filosofi samlæses Lyotards opfattelse af det postmoderne samfund med Derridas metafysikkritik, hvilket fører til følgende konklusion: "1) Afskeden med 'det Moderne' (forstået som en epoke med en specifik filosofisk selvforståelse) har form af en radikal fornufts- og metafysikkritik. 2) 'Metafysik' er for Lyotard og Derrida andet og mere end det, ordet traditionelt betyder, idet det er selve den angiveligt moderne mani med at

16. T. Nørager "Det 'postmoderne' som filosofisk problem" i K. Holm & J. Lindhardt (red.) *Sprogets mesterskab*, Centrum 1986.

ville legitimere og begrunde alt i et sidste princip, der stemples som metafysisk." (p. 192). Med baggrund i Habermas' overvejelser over sammenhængen mellem rationalitet og modernitet advarer Nørager derefter mod den postmoderne filosofis ubekymrede afsked med moderniteten, mod dens irrationalisme og mod dens affekt imod det almene, hvilket giver anledning til at rejse følgende spørgsmål: "Er den postmoderne filosofi i virkeligheden ensbetydende med en opløsning af filosofien?" (p. 193).

Hans-Jørgen Schanz

I 1988 udgiver idéhistorikeren Hans-Jørgen Schanz en samling artikler under titlen *Tendenser*. I teksten "Note omkring det moderne versus det postmoderne — med Lyotard i tankerne", der er dateret 1986, foretages der en række kritiske markeringer over for Lyotard og *Viden og det postmoderne samfund*.[17] Schanz retter især sin kritik mod Lyotards upræcise brug af termen 'det postmoderne', og det på to punkter.

I første omgang anholdes den forvirring, der hersker i forbindelse med bestemmelsen af, hvad begrebet 'det postmoderne' egentlig dækker over i *Viden og det postmoderne samfund*. Ordet anvendes både i forbindelse

17. H.-J. Schanz "Note omkring det moderne versus det postmoderne — med Lyotard i tankerne" i H.-J. Schanz: *Tendenser*, Modtryk 1988.

med en postmoderne tidsalder, en postmoderne verden, et postmoderne menneske og en postmoderne videnskab, og det synes at blive brugt snart som et samfundsteoretisk, snart som et filosofisk og snart som et epokalt begreb. Ikke at dette i sig selv skulle udgøre et problem, hvis blot det i teksten blev tydeliggjort, hvad de forskellige betydninger af denne centrale kategori havde med hinanden at gøre. Schanz opsamler denne kritik således: "Man kan næppe hævde, at karakteristikken det postmoderne anvendes særlig ideosynkratisk, eller at der er tale om en præcisionsbegrundet anvendelsesaskese — udtrykket anvendes ganske enkelt i flæng. Og hvor det ikke anvendes i flæng changerer det, hvilket ikke i sig selv er kritisabelt, men dog et problem, for så vidt denne changering ikke selv får tildelt en refleksion i diskursen." (p. 48).

For det andet anholder Schanz Lyotards manglende præcisering af, hvorledes han forstår det fænomen, som det postmoderne på en eller anden vis må siges at stå i forhold til, nemlig 'det moderne'. Især hævdes det, at Lyotard i for høj grad homogeniserer det moderne, hvilket har mindst to uheldige konsekvenser: dels ses der stort på, at de færreste modernitetstænkere forstår det samme ved det moderne, dels gør selve det uafklarede forhold mellem det moderne som en påstået homogen størrelse og de faktisk eksisterende forskellige bestemmelser det vanskeligt at afgøre, hvilket forhold der er mellem det moderne og det postmoderne.

Hos eksempelvis Adorno tænkes det moderne først og fremmest inden for en æstetisk ramme. Her er det moderne et bestemt træk ved kunsten, som bringer den i opposition til sin samtidige kultur, der på sin side antages hverken at være eller nogensinde at have været moderne. På denne baggrund replicerer Schanz: "men Lyotard ser ud til i sin homogeniseringsiver at have overset, at det moderne hos Adorno hverken er et samfunds- eller historieteoretisk applicerbart begreb, og at han så absolut ikke kan gøres til eksponent for det moderne som epokalitetskarakteristik i en demarkationsprocedure, hvor det postmoderne skal skille sig ud via kontrasteringer." (p. 50).

Og lige så galt står det til med Lyotards forståelse af overvejelserne over det moderne hos Habermas. Når Habermas bestemmer det moderne som et 'ufuldendt projekt', er der tale om en enhed af noget epokalt og noget normativt. Det moderne er ufuldendt, for så vidt det er realitetsmæssigt ufuldbyrdet, og det er et projekt, for så vidt der er tale om noget normativt forpligtende. Hvad er det da for modinteresser, der har forhindret det modernes fuldendelse? Her peger Schanz på to sæt modsatrettede grunde. Dels de årsager der er eksterne i forhold til oplysningskonceptet, eksempelvis de modreaktioner som oplysningsstrategien selv genererer, i og med den udbredes (f.eks. den politiske konservatisme hos Burke eller formynderiet og den selvlegitimerende terror hos dem, der påberåber sig oplysningsprogrammet). Dels de oplysningskonceptionelt interne årsager, først og fremmest fordringen om oplysningens principielt uendelige selvkritik: "Kun i det omfang oplysningskonceptionen kritiserer sig selv, altså overskrider sig selv i form af selvoplyst oplysning, kun i det omfang kan projektets normative karakter fastholdes og oplysningsstrategiens næsten automatiske formynderi neutraliseres." (p. 51). Og det er netop dette selvkritiske moment — oplysningens vedvarende selvoplysning — som Lyotards homogeniserende overvejelser over det moderne muligvis overser.

Der hersker følgelig en vis uklarhed i Lyotards bestemmelse af det moderne, og det vil derfor være på sin plads at spørge, hvorvidt det moderne af Lyotard opfattes som en både fuldbyrdet og afsluttet realitet, samt hvorvidt forpligtetheden på oplysningens uendelige selvkritik stadig spiller en rolle. Schanz formulerer sig på følgende måde i artiklens afrundende passage: "Sagen har primært drejet sig om at pege på, at mangelen på bearbejdning af den filosofiske diskussion vedrørende oplysningens selvoplysning forplanter sig som en gevaldig usikkerhed i selve det postmodernes eget projekt. Her er det principielt uafgjort, om det postmoderne, f.eks. hos Lyotard, skal eller eventuelt kan forstås som en radikalisering af oplysningens selvoplysning. Eller det skal, eventuelt kan, forstås som et totalbrud med enhver oplysningskonception." (p. 56).

Når Schanz stiller Lyotard til regnskab for hans manglende præcision, så tænkes der altså på såvel brugen af begrebet det postmoderne som på homogeniseringen af det moderne — en homogenisering, der er problematisk, idet dens manglende differentiering slører, hvilket forhold der er mellem det moderne og det postmoderne.

Johan Fjord Jensen

I bogen *Det tredje* fra 1987 debatterer litteraten Johan Fjord Jensen, hvad han kalder 'Den postmoderne udfordring'.[18] Ved at samlæse så forskellige forfattere som Lyotard, Serres, Baudrillard, Perniola, Derrida, Jencks m.fl. søges indkredset en bestemmelse af det postmoderne inden for dannelse, humaniora, filosofi, litteraturkritik, arkitektur og politik. *Viden og det postmoderne samfund* nævnes ofte, og især når sigtet er at diskutere magtkritik, træder indvendingerne mod netop dette værk tydeligt frem.

Fjord Jensen tager i den forbindelse afsæt i overvejelser over forholdet mellem magt og den offentlige meningsdannelse. I den oplyste enevælde udspillede meningsdannelsen sig inden for og i forlængelse af magten, idet den blot sigtede mod at civilisere og kultivere folk inden for de grænser, som magten afstak. Meningsdannelsen var med andre ord et produkt af magten selv. Anderledes forholder det sig, når magtens

18. J. Fjord Jensen *Det tredje. Den postmoderne udfordring*, Amadeus 1987.

grundlag bliver den frie meningsdannelse. Meningsdannelsen er i så fald ikke længere blot et produkt af magten, men er omvendt blevet en instans for magten, som magten har at rette sig efter. Forudsætningen for en eventuel magtkritik er i så fald en meningsdannelse, der foregår under herredømmefrie former, dvs. en meningsdannelse, der ikke udspringer af magten selv.

Det er i dette perspektiv, man skal se Fjord Jensens kritiske indvendinger mod *Viden og det postmoderne samfund*, hvor det især er Lyotards insisteren på dissensus og samtidige afskriven af konsensus, der problematiseres. Udgangspunktet er følgende spørgsmål: "hvorledes skulle det være muligt at etablere en retfærdighedspraksis, som baserede sig på ikke-almengjorte retfærdighedskrav og de dermed sammenhængende sandhedskrav?" (p. 103). Problemet er i den forbindelse, at mangfoldigheden af lokale sandheder og lokale retfærdighedskrav kun kan udgøre en instans for magten, hvis magten selv er lokal. Er magten derimod 'almen' eller 'global', vil de blot "fremstå som et meningernes supermarked, blandt hvis mange tilbud magthierarkiet kunne vælge og lade sig inspirere i henhold til de oplyste kriterier, det selv afgør." (ibid.). Først i det øjeblik de forskellige og stridende størrelser så at sige konvergerer i én mening, i ét sæt af meninger eller i et meningsfelt, kan de fremstå som en instans for magten, som den må rette sig efter: "Udskiller der sig ikke af meningsstriden et gravitationscenter af meninger i et meningsfelt, kan striden ikke udvikle sig til instans for magten og ikke gøre sig gældende med en myndighed, der forpligter denne." (ibid.). Og det er i den forbindelse, ideen om konsensus kommer til at spille en afgørende rolle: "Instans for magten bliver meningen og meningsfeltet først i kraft af en konsensus." (ibid.).

I den sammenhæng bliver det naturligvis afgørende, hvad der ligger i begrebet 'konsensus'. For Fjord Jensen henviser det til to forhold: dels enighed, dels sam-mening (kon-sensus). Med konsensus sigtes der altså både til resultatet af meningsdannelsen, nemlig enigheden, og til den proces, der ligger til grund for enigheden, nemlig den samtidige tilstedeværelse af mange forskellige meninger. I og med magten får sin udøvelse bekræftet ved i konsensusdannelsen at forbinde sig med de modstridende, men konvergerende meninger, så bekræftes ligeledes retten til at have de indbyrdes afvigende meninger. Fjord Jensen konkluderer derfor således: "I den her antydede opfattelse af konsensus understreges altså i én og samme proces meningsdannelsens bekræftelse ved enhed og dens bekræftelse af forskelle." (p. 104).

På denne baggrund kan Fjord Jensen siges at udsætte *Viden og det postmoderne samfund* for en dobbelt kritik, der i begge tilfælde knytter an til de uheldige konsekvenser af Lyotards for snævre opfattelse af konsensus som blot enighed. For det første er det forfejlet at hævde, at konsensus skulle udelukke dissensus; det gør den på ingen måde, idet de mange meningsforskelle på en og samme tid er en forudsætning for konsensus i betydningen enighed og en bekræftelse af forskellene i betydningen sam-mening. For det andet er Lyotards kritik af konsensus betænkelig ud fra et magtkritisk synspunkt, nemlig for så vidt det hævdes, at konsensus tilhører magtens univers, idet den som sagt formodes ar udelukke forskelle, mens dissensus i sig selv skulle være en tilstrækkelig base for kritik af magten. For Fjord Jensen forholder det sig lige omvendt: en dissensus mellem lokale sandheder og retfærdigheder, som ikke på et tidspunkt konvergerer i en mening, er ude af stand til at gøre meningsdannelsen til en instans for magten, som den kan rette sig efter. Derfor er det snarere den uophørlige og 'rene' dissensus uden enighed, der indirekte kommer til at tilhøre magtens univers, nemlig for så vidt de forskellige, men ikke-konvergerende meninger på ingen måde forpligter magten. Med sin insisteren på dissensus placerer Lyotard sig således i en i magtkritisk henseende svagere position, end han selv antager.[19]

---

19. I 1995 reaktualiserer Fjord Jensen *Viden og det postmoderne samfund* i mere positive vendinger (jf. J. Fjord Jensen "Hvor er I, venner?", *Kritik*, 117, København 1995). Her anvendes Lyotards analyse af forskningens legitimering ved performativiteten eksplicit i en kritik af Forskningsministeriets Hvidbog *Forskning i perspektiv*. Imidlertid fastholdes problematiseringen af dissensus-tænkningens svage magtkritiske potentiale, når Fjord Jensen kritiserer forsvarerne af den mangfoldighedstradition, der udsprang af Lyotards ideer, for ikke at reagere på udfordringerne fra den konsensuali-

Ole Thyssen

I bogen *Påfuglens øjne* fra 1987 tager filosoffen Ole Thyssen i en vis forstand tråden op fra Johan Fjord Jensen, nemlig for så vidt han også i sin læsning af *Viden og det postmoderne samfund* diskuterer det kritiske potentiale i Lyotards overvejelser.[20] Tyngdepunktet lægges dog ikke på spørgsmålet om konsensus, men på tankerne om mangfoldighed og retfærdighed. I den forbindelse vendes en af Lyotards grundideer mod ham selv. Lyotards insisteren på fraværet af et metasprog, der kan afgøre striden mellem de mangfoldige sprogspil, spilles ud mod Lyotard selv med henblik på at kunne hævde, "at fortællingen om den store fortællings død selv er en stor fortælling." (p. 37).

Udgangspunktet for Thyssens argumentation er den samtidige tilstedværelse af to modsatrettede tendenser hos Lyotard. På den ene side gør Lyotard sig til talsmand for, hvad Thyssen kalder en 'neoliberal' markedsorienteret sprogspilsopfattelse, der accepterer, at det stærkeste slag besejrer det svageste. På den an-

---

serende magt og for tilsyneladende uden besvær at finde sig til rette under de nye vilkår: "Har meningen med det hele da blot været, at dissensus skulle opfattes som retten til at have meninger, der ikke hang sammen? Var, hvad I den gang skrev, altså blot legitimistiske tekster, der kunne retfærdiggøre usammenhængen mellem, hvad I sagde, og hvad I nu finder jer i?" (p. 6).

20. O. Thysssen *Påfuglens øjne. Efter postmodernismen*, Rosinante 1987.

den side må eksempelvis det tekniske kriterie om performativitet ikke brede sig til forskning, undervisning og det sociale bånd. Hermed stilles Lyotard over for et åbenlyst problem, nemlig hvorledes man med baggrund i det første forhold kan begrunde det andet, nemlig teknikkens begrænsning: "Hvis teknikken kan slå de stærkeste slag og hermed undertvinge de øvrige sprogspil, synes det at være i god overensstemmelse med den darwinistiske markedslogik, som Lyotard accepterer. Hvorfra kan Lyotard hente redskaber til en kritik af den tekniske styrke, når han både opstiller vandtætte skot mellem de forskellige sprogspil og accepterer at udvikling sker gennem konflikt? Hvorfor skal teknikken holde sig inden for de grænser, som Lyotard sætter for den, hvis den er stærk nok til at erobre nye områder?" (p. 48). Og Thyssen svarer selv på disse retoriske spørgsmål, at hvis "Lyotard accepterer, at der er frit slag, kan han i konsekvensens navn ikke kritisere teknikkens og bureaukratiets styrke." (p. 49). Problemet synes således uløseligt: med baggrund i sprogspilsopfattelsen er det hverken ønskeligt eller muligt for Lyotard at begrunde ét sprogspils begrænsning frem for andres, men ikke desto mindre er det netop det, han både ønsker og gør, nemlig for så vidt kravet om at eksempelvis teknikkens performativitetskriterie ikke må brede sig, er et gennemgående og bærende tema overalt i *Viden og det postmoderne samfund*.

Hvorfra henter Lyotard da de kritiske redskaber til denne tilsyneladende selvmodsigende manøvre? Fra ideen om antiterror, nemlig det forhold, at en trussel om i sidste instans at udelukke en medspiller fra at spille videre i et sprogspil, opfattes som terror og derfor som uacceptabelt. Med andre ord synes der alligevel at gælde én metaforskrift om retfærdighed mellem mangfoldigheden af sprogspil: reglen om antiterror. Thyssen kan på denne baggrund drage følgende konklusion: "Det rå magtspil afvises med den begrundelse, at det ødelægger det sociale bånd. Men det er forkert. Det ødelægger det sociale bånd, som er baseret på begge parters frie ret til at deltage i spillet og forny det. Men det er kun én type socialt bånd. Det bånd, der defineres af styrkespillet er en anden type, som Hegel har beskrevet som herre-slave forholdet. Lyotard ender, som han selv udtrykker det, med at kæde viden og retfærdighed sammen i et valg af den vestlige model. Han indser, at hans begreb om frihed kun kan realiseres, hvis han forudsætter en demokratisk retsorden. Han vælger den vestlige model, fordi den er åben og tillader fornyelse. Hermed lægger han grundstenen for en stor fortælling, som gør det muligt for ham at fastholde ideen om retfærdighed." (p. 50).

Lyotards afsked med de store fortællinger og hans sprogspilsmæssige neoliberalisme er således kun tilsyneladende: han vil på den ene side lade sproget spille sit eget spil, men på den anden side tages skridtet ikke fuldt ud, idet kræfternes frie spil mellem sprogspillene skal kunne begrænses og det ud fra demokratiske dyder. Derfor kan Ole Thyssen hævde, at til trods for den megen tale om de store fortællingers utroværdighed, så indskriver Lyotard sig dybest set selv i en stor fortælling, nemlig den store fortælling om alles ret; en stor fortælling, der — som Thyssen bemærker (p. 55) — paradoksalt nok bringer ham på bølgelængde med Habermas, nemlig for så vidt den formelle regel om antiterror svarer til Habermas' formelle ideal om magtfri kommunikation.

4. Lyotard om *La condition postmoderne*

I modsætning til hvad man måske kunne tro, kommer det postmoderne ikke til at spille nogen fremtrædende rolle som selvstændigt begreb i de bøger, Lyotard udgiver efter 1979, omend de fleste af dem må siges at være viderebearbejdninger af problemstilliger, der rejses i *Viden og det postmoderne samfund.* Når Lyotard alligevel stadig taler om det postmoderne, sker det oftest i kortere lejlighedstekster, hvor situationen kræver en kommentar til begrebet: enten direkte — for eksempel når begrebet ønskes uddybet i interviews, eller indirekte — eksempelvis når der er tale om deltagelse i seminarer eller tidsskrifter under det postmodernes auspicier. I dette kapitel skal der skitseres nogle af de hovedtendenser, der ses i Lyotards tematisering af det postmoderne efter 1979.

Inden 'det postmodernes' videre skæbne i Lyotards værk diskuteres yderligere, må det være på sin plads kort at gøre rede for de forskellige opfattelser af begrebet 'det postmoderne', der kan siges at optræde i *Viden og det postmoderne samfund.*[21]

---

21. For en mere udfoldet redegørelse for brugen af ordet 'det postmoderne' i *Viden og det postmoderne samfund* kan henvises til N. Brügger "Lyotard, det postmoderne og det politiske" i C.B. Laustsen & A. Berg-Sørensen (red.) *Den ene, den anden, det tredje: Po-*

Det postmoderne betegner i udgangspunktet en civilisationshistorisk epoke, der er kendetegnet ved dels en kulturel tilstand inden for videnskaberne, litteraturen og kunsten (jf. p. 7), dels en samfundsmæssig tilstand (jf. p. 115). Det postmoderne følger her tidsmæssigt efter den moderne epoke, som det dermed også står i modsætning til. Lyotard er dog ikke ophavsmand til nogen af disse opfattelser, og han henviser da også dels til brugen blandt videnskabsteoretikere og kritikere, dels til sociologer som Bell og Touraine.

Imidlertid danner denne dobbeltsidede traditionelle opfattelse afsæt for Lyotards bestemmelse(r), der specifikt knytter an til legitimeringsfortællingernes krise. I Lyotards reformulering er den kulturelle og samfundsmæssige tilstand i den postmoderne epoke således kendetegnet ved, at de 'store fortællinger' om menneskehedens fornuftiggørelse og emancipation, der i det moderne har legitimeret videnskaben og det sociale bånd, er i krise: den store helt, de store prøver, de store rejser og det store mål er blevet utroværdige, og disse narrative funktioner opløses i skyer af ustabile og inkommensurable sprogelementer, hvorimellem der kun kan herske lokal determinisme. Det postmoderne er altså her den epoke, der er kendetegnet ved de to store legitimeringsfortællingers åbenlyse delegitimering.

---

litisk identitet, andethed og fællesskab i moderne fransk tænkning, forlaget politisk revy 1999, især pp. 25-39 [2006].

I tilknytning til disse to bestemmelser af det postmoderne benytter Lyotard imidlertid også begrebet, når han skal karakterisere én af de tre tendenser til videnskabelig og social ligitimeringsdiskurs, der viser sig i den postmoderne periode: legitimeringen kan for det første foregå med udgangspunkt i et teknologisk-deterministisk synspunkt, der betoner performativitet og kommensurabilitet i sproget, for det andet ud fra et synspunkt der lægger vægten på en universel konsensus, og endelig kan legitimeringen for det tredje foregå ud fra et synspunkt, der sætter paralogi, sprogets inkommensurabilitet og uenigheden i centrum; dette sidste synspunkt, der i Lyotards optik knyttes mest til videnskaben, kaldes også postmoderne (jf. pp. 8-9, 105, 117).

De tre nævnte bestemmelser knytter det postmoderne til en efter-moderne epoke, og forskellen mellem dem ligger i, hvad de sætter i fokus: det kulturelle og det samfundsmæssige i bred forstand, de store legitimeringsfortællingers troværdighedskrise eller et bestemt synspunkt på den postmoderne epokes videnskabelige og sociale legitimeringskrise.[22]

De epokale bestemmelser af legitimeringskrisen, og dermed af det postmoderne, forsøges imidlertid

22. Hvornår den postmoderne epoke begynder, er i øvrigt ikke entydigt hos Lyotard; der nævnes eksempelvis slutningen af det 19. århundrede, sidst i 1950erne, perioden efter 2. verdenskrig og perioden 1930-1960 (jf. pp. 7, 11, 74).

tidsmæssigt relativeret. Den legitimeringskrise, der i den postmoderne periode rammer de store fortællinger om den spekulative ånd og om emancipationen, hævdes allerede at være nedlagt som en kim i disse fortællingers udgangspunkt (p. 75), nemlig for så vidt de ikke respekterer sprogspillenes inkommensurabilitet og uoversættelighed: i det første tilfælde antages den spekulative ånd uproblematisk at kunne mediere mellem eksempelvis et denotativt og et præskriptivt udsagn, i det andet tilfælde skulle man i emancipationens navn uproblematisk kunne slutte fra et denotativt til et præskriptivt udsagn (jf. pp. 74-81). I den forstand kan man hævde, at det postmoderne er indskrevet i det moderne, nemlig som de moderne legitimeringsdiskursers iboende konstitutionelle krise. På denne måde relativeres og kompletteres Lyotards epokale bestemmelse af det postmoderne som legitimeringskrise, idet der antydes en mere modal bestemmelse, hvor det postmoderne hverken er 'efter' eller 'imod' det moderne, men snarere er en bestemt modus 'i og med' det moderne.

Det er dette spændingsforhold mellem en epokal og en mere modal bestemmelse, Lyotard kredser om i de af hans senere værker, hvor begrebet tages op til diskussion.

Kritisk aktivitet og løsnen fra den moderne epoke

I begyndelsen af 1983 udgiver det franske kulturtidsskrift *Babylone* et temanummer om 'Post-modernisme'. I den forbindelse bedes Lyotard om at bidrage, og som oplæg formulerer redaktionen otte spørgsmål, hvoraf flere beskæftiger sig med, hvorvidt 'det postmoderne' stadig kan fastholdes som begreb. Lyotard svarer med to korte tekster, der er skrevet med omtrent halvandet års mellemrum, henholdsvis i 1981 og 1982.[23]

"Règles et paradoxes", som er titlen på første del af svaret, er i store træk et resumé af *Viden og det postmoderne samfund*. To forhold er dog værd at bemærke. For det første slås det nu fast, at "'post-moderne' givetvis er en meget dårlig term, idet den giver indtryk af en historisk 'periodisering', men at 'periodisere' er imidlertid stadig en ' klassisk' eller 'moderne' idé. 'Post-moderne' henviser blot til en sjælstilstand, eller bedre: en tilstand i ånden" (p. 69). For det andet opfattes den postmoderne mulighed for legitimering, der kendes fra *Viden og det postmoderne samfund* nu bredere. Udgangspunktet

23. Såvel spørgsmålene som Lyotards to svartekster "Règles et paradoxes" og "Appendice svelte" findes i *Babylone*, 1, Paris 1983, pp. 67-80. "Règles et paradoxes" er en række noter, der udspringer af et foredrag i Rom den 18. februar 1981. "Appendice svelte" er et hidtil upubliceret supplement til "Règles et paradoxes", og det er dateret juni 1982.

for analysen er stadig, at kapitalismens indtrængen i sproget, således som det for eksempel ses i den nyeste informations- og kommunikationsteknologi, invaliderer sproget, og underordner det performativiteten; og som det var tilfældet i *Viden og det postmoderne samfund* kontrasteres performativiteten stadig med det postmoderne synspunkts insisteren på sprogets inkommensurabilitet, dets mulighed for at skabe paradokser og paralogismer og dets kamp for det, der ikke umiddelbart lader sig kommunikere. Forskellen er imidlertid, at der nu ikke udelukkende knyttes an til det videnskabelige og sociale felt: "Det egentlige problem består således i at slå fast, hvorvidt sproget faktisk er et middel og et kommunikationsmiddel. Kunstnerens, filosoffens eller forskerens arbejde har som underliggende hypotese, at det ikke er [...]. Ser man på videnskabens eller kunstens arbejde, opdager man, at problemet [...] også i dag er frembringelsen af paradoksale sætninger. Videnskaben bruger skriftsprog, mens kunstens sætninger derimod er farver, former, lyde, volumener" (pp. 70, 71; senere udstrækker Lyotard desuden denne opfattelse af det postmoderne til også at gælde det politiske og spørgsmålet om retfærdighed (jf. pp. 73-74)). Det postmoderne må nu siges generelt at henvise til selve den kritiske aktivitet inden for moderne avantgardekultur i meget bred forstand, dvs. den kunst, filosofi, videnskab, politik osv., der i selve sit 'værk' søger efter, hvilke grænser og regler, der gælder inden for kunst, filosofi, videnskab og politik, og som dermed skaber et 'værk' ud fra regler, der endnu ikke kendes, 'før' værket er skabt. Den tidligere bestemmelse af det postmoderne suppleres således med en æstetisk inspireret orientering, der synes at indtage en afgørende position, idet kampen for det ukommunikerbare "først og fremmest føres af kunstneren" (p. 74).

En af de ting, der først slår læseren af anden del af Lyotards svar, der bærer titlen "Appendice svelte", er et fravær: de store legitimeringsfortællingers krise, der var det centrale element i 1979, og som stadig var det i 1981 i første del af Lyotards svar til *Babylone*, er nu ikke længere analysens omdrejningspunkt.[24] Udgangspunktet er stadig, at kapitalismens indtrængen i sproget fører til dets invalidering, og at man heroverfor må fortsætte det arbejde, som den videnskabelige, litterære og kunstneriske avantgarde har foretaget gennem de seneste 100 år, dvs. insistere på det ufremstillelige og sætningernes inkommensurabilitet. Set i dette perspektiv kan Lyotard hævde, at "hvis de seneste års såkaldte franske filosofi på nogen måde har været postmoderne [...], så er det derved, at den [...] har betonet inkommensurabiliteterne" (p. 79). Men det postmoderne

24. At lighedstegnet mellem det postmoderne og de store fortællingers legitimeringskrise ikke er så uomgængeligt for Lyotard i begyndelsen af 1980erne, antydes desuden derved, at "Règles et paradoxes" ikke genoptrykkes i artikelsamlingen *Tombeau de l'intellectuel et autres papiers* fra 1984; det gør derimod supplementet "Appendice svelte" under titlen "Appendice svelte à la question postmoderne".

synspunkt ses imidlertid ikke udelukkende i den postmoderne epoke; eksempelvis tales der om, at Diderot er splittet mellem nyklassisisme og "han skrifts postmodernisme i *Salonerne*, i *Fatalisten Jacques* og i *Rameaus brodersøn*." (p. 78), og videre hedder det: "Freud, Duchamp, Bohr, Gertrude Stein, ja, allerede Rabelais og Sterne er postmoderne, for så vidt de betoner de paradokser, som altid bevidner inkommensurabiliteten" (p. 79).

I disse to korte tekster kan følgende iagttages. For det første fokuseres der i stigende grad på det postmoderne som selve den kritiske aktivitet i forbindelse med det ukommunikerbare og sprogets inkommensurabilitet og det i et perspektiv, der tilføjes en æstetisk dimension. For det andet flyttes det tidsmæssige fokuspunkt for denne kritiske aktivitet markant. Dels forsøger Lyotard at hæve det postmoderne ud af den entydigt epokale bestemmelse ved at generalisere det: det postmoderne knyttes ikke udelukkende til den periode, der betegnes postmoderne, men findes også tidligere, eksempelvis hos Diderot, Sterne og Rabelais.[25] Dels antydes

---

25. I artiklen fra 1981 "Svar på spørgsmålet: Hvad er det postmoderne?", der eksplicit diskuterer det postmoderne inden for en æstetisk ramme (billedkunst, litteratur), ses et lignende forsøg på at generalisere og modalisere det postmoderne, omend det dog stadig knyttes til det moderne: "Et værk kan kun blive moderne, hvis det først er postmoderne. Således forstået er postmodernismen ikke modernismen ved dens afslutning, men ved dens begyndelse, og denne begyndelse er konstant [...] *Postmoderne* vil væ-

der i forlængelse heraf, at det postmodernes forhold til det moderne løsnes eller omdefineres, idet Rabelais, en forfatter fra det 16. århundrede, nævnes; dette betyder, at enten er det postmoderne et generelt træk, der ikke har noget med det moderne at gøre, nemlig for så vidt det også kan findes før det moderne, eller også strækker det moderne sig nu helt tilbage til det 16. århundrede, og det skal dermed ikke længere forstås i det snævre betydning af 'stor fortælling om menneskehedens fornuftiggørelse og emancipation', men snarere i en meget bred forstand.[26]

Samtidsdiagnostisk udgangspunkt og fortællingens nedtoning

I *Le différend*, Lyotards filosofiske hovedværk fra 1983, er opfattelsen af det postmoderne tvetydig. På den ene side insisteres der stadig på et begreb om det post-

---

re at forstå som førfremtidens paradoks" (*Det postmoderne forklaret for børn*, Akademisk Forlag 1986, pp. 19, 22). For en diskussion af 'det postmoderne' i denne artikel, se N. Brügger "Notits om det æstetisk postmoderne hos Lyotard", *(Pré)Publications*, 152, Århus 1996, pp. 19-25.

26. Denne tendens til at relativere det moderne som epoke ses flere gange hos Lyotard i de følgende år bl.a. i det korte interview "Retour au postmoderne" (*Magazine littéraire*, 225, Paris 1985). Her nævnes en række egennavne, der alle i lige høj grad hævdes at markere det modernes begyndelse: Augustin, Descartes, Leibniz, Encyklopædien og Den franske Revolution.

moderne. På bogens første sider udpeges den kontekst, som *Le différend* skriver sig ind i, som "de universalistiske diskursers forfald (de moderne tiders metafysiske doktriner: fortællingerne om fremskridtet, om socialismen, om overfloden, om viden)." (p. 30),[27] og i denne kontekst hævdes to former for tænkning — den sene Kant og den sene Wittgenstein — at udgøre "modernitetens epiloger" samt at være "prologer til en hæderlig postmodernitet" (ibid.). Lyotard fastholder således den analyse fra *Viden og det postmoderne samfund*, som hævder, at vores samtid i dag udgør en postmoderne epoke, der følger efter den moderne, og som er kendetegnet ved de store fortællingers utroværdighed og forfald. *Le différend* placerer sig således i dét postmoderne tænkerum, som *Viden og det postmoderne samfund* har udpeget.

Men på den anden side spiller det postmoderne som selvstændigt begreb en yderst tilbagetrukket rolle i *Le différend.* For det første synes Lyotard gerne at ville undgå ordet 'postmoderne': dels markeres der implicit en afstandtagen til det postmoderne som modeord, idet den "elendige slaphed", der i dag ledsager teoritrætheden, uophørligt læner sig op ad begreber som "neo-dit, neo-dat, post-dette og post hint osv." (p. 30), dels indtager det postmoderne ikke nogen central position i resten af *Le différend*, hvor det blot nævnes to

27. Citeret efter den danske oversættelse i N. Brügger (red.) *Lyotard og striden*, Slagmark 1990.

gange uden at give anledning til dybtgående forsøg på bestemmelse.[28] For det andet søger Lyotard at nedtone betydningen af det narrative, der var omdrejningspunktet i bestemmelsen af det postmoderne som 'de store fortællingers forfald' i *Viden og det postmoderne samfund*. De store fortællinger spiller ganske vist stadig en rolle i *Le différend*, men kun som nævnt på et overordnet diagnostisk plan til at bestemme den kontekst, som selve bogens konkrete analyser udspiller sig inden for. Som gennemgående analytisk-metodisk greb sætter Lyotard derimod 'diskursgenre'; fortællingen underkendes imidlertid ikke, men ses blot som en diskursgenre blandt andre diskursgenrer.

I *Le différend* indtager begrebet om det postmoderne således en dobbelt position, idet det på en og samme tid er tilstede og fraværende. Tilstede for så vidt *Le différend* hævdes at skrive sig ind i den epokale kontekst, der allerede i *Viden og det postmoderne samfund* omtales som postmoderne; fraværende for så vidt det postmoderne ikke tematiseres som selvstændigt begreb, og for så vidt fortællingerne (hverken de store eller de

---

28. Jf. Kant-notits 3, § 3 samt nr. 182. I øvrigt optræder 'postmoderne' heller ikke som selvstændigt opslagsord i bogens ellers fintmaskede emneregister; derimod ses det som uløseligt knyttet til det moderne, idet det står anført på følgende måde: 'Moderne, postmoderne' (i den tyske oversættelse er de to begreber underligt nok blevet adskilt, jf. *Der Widerstreit*, München 1987, pp. 330, 331).

små) ikke gøres til det analytisk-metodiske kardinalpunkt.[29]

Gennemarbejdning af det moderne i det moderne

To år efter udgivelsen af *Le différend* spøger det postmoderne stadig, hvorfor Lyotard i artiklen "Note om betydningerne af forstavelsen 'Post-'" finder det nødvendigt, at "sætte visse problemer vedrørende udtrykket 'postmoderne' i relief uden at forsøge at løse dem.".[30] For at undgå de værste sammenblandinger systematiserer Lyotard debatten ved at opregne tre punkter. Først præsenteres modsætningen mellem postmodernisme og modernisme inden for arkitektur, og dernæst præsenteres den velkendte bestemmelse af det postmoderne som manglende tiltro til, at fremskridt kan legitimeres ud fra det moderne projekt om menneskehedens emancipation (i øvrigt uden her at tale om stor 'fortælling'). Ingen af disse punkter marke-

29. At fortællingen tidligere skulle være blevet tilkendt en for afgørende rolle, slås ligeledes fast i artiklen "Randbemærkning til fortællingerne", en tekst fra samme periode som *Le différend*: "I *Viden og det postmoderne samfund* [...] overdrev jeg den betydning, som man må tillægge den narrative genre" (*Det postmoderne forklaret for børn*, Akademisk Forlag 1986, p. 27).
30. *Det postmoderne forklaret for børn*, Akademisk Forlag 1986, p. 83.

rer dog nogen egentlig nyorientering, men det gør derimod det tredje.

Her hedder det, at spørgsmålet om postmoderniteten "først og fremmest [er] et spørgsmål om tankens udtryksformer: kunst, litteratur, filosofi, politik" (p. 87). Det postmoderne angår således det arbejde, som avantgarden inden for de nævnte områder har udført. Et arbejde der "i virkeligheden var et langt, stædigt og højst ansvarsfuldt arbejde vendt mod en søgen efter modernitetens forudsætninger" (p. 87). Det spændende er imidlertid, hvad avantgarden ifølge Lyotard gør ved "modernitetens forudsætninger", når den finder dem. Svaret er, at de indgår i en anamnese i den psykoanalytiske terapis forstand: "Ligesom patienten forsøger at bearbejde sit nuværende problem ved frit at associere elementer, der tilsyneladende ikke har nogen forbindelse til fortidens situationer, hvad der gør det muligt for ham at opdage skjulte betydninger af hans liv og adfærd — på samme måde kan man betragte Cézannes, Picassos, Delaunays, Kandinskys, Klees, Mondrians, Malevijts og endog Duchamps arbejde som en 'gennemarbejdning' (Durcharbeitung) af modernitetens egen betydning" (p. 88).

Denne psykoanalytisk inspirerede reformulering af det postmoderne ses ligeledes i den væsentlige artikel "At genskrive moderniteten" fra 1986.[31] Her slår Lyo-

---

31. J.-F. Lyotard "At genskrive moderniteten" i S. Brøgger (red.) *Billedets onde ånd*, Det kgl. danske Kunstakademi 1990.

tard fast, at når der tales om genskrivning, så har det "naturligvis intet tilfælles med det, man på det aktuelle ideologiske marked kalder postmodernitet eller postmodernisme. [...] Postmoderniteten er ikke en ny tidsalder: den er genskrivningen af visse træk, som moderniteten har gjort til sine, og herunder først og fremmest dens bestræbelse på at begrunde sin legitimitet i det projekt at frigøre den samlede menneskehed gennem videnskaben og teknikken. Men denne genskrivning har, som sagt, allerede længe været i gang, og det inden for moderniteten selv" (pp. 155-156).[32] Hermed gøres det klart, at det postmoderne ikke blot er tilstede i og med det moderne som dets iboende kim til legitimeringskrise, men at det desuden på én og samme tid er en bearbejdning af det moderne i det moderne. Og denne bearbejdning er "uden ende og dermed uden vilje: uden ende i den forstand, at den ikke styres af forestillingen om et mål, omend ikke af den grund uden formålstjenlighed" (p. 150). I den forstand er det postmoderne ikke en epoke, men findes derimod 'hele tiden', idet det knyttes til det psykiskes reversible tid og ikke til den historiske irreversible tid.

Skulle man se tilbage på *Viden og det postmoderne samfund* ud fra det nu anvendte psykoanalytisk inspirerede

---

32. Jf. også de to interviews "Postmoderne — fra det fancy til det nysgerrige" (*Politisk Revy*, 504, København 1986) samt "Du bon usage du postmoderne" (*Magazine littéraire*, 239-240, Paris 1987), hvor samme tankefigur genfindes.

vokabular, viser der sig en afgørende forskydning. Mens Lyotard i 1979 overvejende formulerede sig i diagnostiske termer, kompletteres dette perspektiv nu af et synspunkt, der sætter bearbejdning i centrum. I *Viden og det postmoderne samfund* bestemmes det postmoderne som en bestemt tilstand eller betingelse, mens det postmoderne i teksterne fra midten af 1980erne henviser både til tilstanden/betingelsen og gennemarbejdningen af den. Med andre ord suppleres den overvejende passive generindring med en egentlig aktiv gennemarbejdning.[33] At dette bearbejdningsperspektiv er fraværende i *Viden og det postmoderne samfund*, skyldes givetvis Lyotards iver efter at lægge afstand til den nostalgi, der ofte ledsager talen om det modernes afslutning. Da han således i 1979 åbenbart kun har blik for sørgearbejdets melankolske dimension, og da han samtidig ønsker at trække bestemmelsen af det postmoderne i en mere 'optimistisk' retning, vælger han på det tidspunkt at erklære sørgearbejdet for tilendebragt: "Det er denne pessimisme, som har næret generationen fra begyndelsen af århundredet i Wien: kunstnerne, Musil, Kraus, Hofmannsthal, Loos, Schönberg, Broch, men også filosofferne Mach og Wittgenstein. De har uden tvivl drevet deres kunstne-

33. Allerede titlen "At genskrive moderniteten" antyder en perspektivforskydning: det postmoderne betegnes ikke længere med et substantiv (en tilstand eller betingelse), men derimod med et verbum, dvs. en forholden sig til en tilstand.

riske og teoretiske bevidsthed om og ansvar for delegitimeringen så langt som overhovedet muligt. Man kan i dag sige, at dette sørgearbejde er ført til ende. Det behøver ikke at blive genoptaget." (p. 81). Det synes at være denne forhastede konklusion, Lyotard besinder sig på, når det postmoderne i midten af 1980erne ses som den uophørlige, uendelige og kritiske gennemarbejdning af det modernes grundlag, såvel sociologisk som æstetisk, filosofisk og politisk.[34]

Det epokales udvidelse og aktivering

Skulle man pege på en hovedtendens i Lyotards bestemmelse af det postmoderne efter *Viden og det postmoderne samfund*, må det være den paradoksale svingen mellem på den ene side en fastholden af det postmoderne som en efter-moderne periode, der er kendetegnet ved det modernes legitimeringskrise, og på den anden side en række forsøg på at hæve det postmoderne ud af denne rent epokale bestemmelse.

---

34. At den psykoanalytisk inspirerede reformulering af det postmoderne som gennemarbejdning bærer et element af melankoli i sig, ses eksempelvis i en af de seneste tekster om det postmoderne fra Lyotards hånd, nemlig *En postmoderne fabel* fra 1992 (J.-F. Lyotard *En postmoderne fabel*, Det kgl. danske Kunstakademi 1994). Her kan man bl.a. læse, at den fabel, Lyotard beretter, har sin gyldighed "alene i sin troskab over for den postmoderne sindstilstand: melankolien" (p. 26).

Disse forskellige forsøg går i flere retninger. For det første ses en tendens til at anvende det postmoderne bredt om selve den kritiske aktivitet, der består i at skabe et 'værk' ud fra regler, der endnu ikke er kendt. For det andet løsnes det postmoderne i både emne- og tidsmæssig henseende fra det moderne forstået som en sociologisk bestemmelig størrelse, og som en periode der strækker sig fra slutningen af det 18. århundrede til i dag: det postmoderne gives ikke kun i og med, men også før det moderne, og det vedrører ikke kun videnskaben og det sociale, men også æstetik, filosofi osv. For det tredje tænkes det postmoderne i stigende grad uden henvisning til fortællingen, der i for høj grad knytter an til ideen om en begyndelse og en afslutning, et af den epokale bestemmelses kendetegn. Og endelig for det fjerde opfattes det postmoderne som en uafsluttet og uendelig gennemarbejdning af det modernes fortrængte grundlag og oprindelige glemsel. Når Lyotard efter 1979 forsøger at trække det postmoderne ud af den entydigt epokale bestemmelse, sker det derfor ved at kombinere forskellige grader af udvidelse og aktivering: udvidelse for så vidt det postmoderne knyttes til flere emneområder og til flere forskellige fremkomsttidspunkter, aktivering for så vidt der fokuseres på kritisk aktivitet og gennemarbejdning. Men disse forsøg til trods fastholde Lyotard stadig en form for epoke-bestemmelse.

Lyotards bestemmelser af det postmoderne efter 1979 er således kendetegnet ved en række forskydninger mellem forskellige 'positioner', der ikke lader sig ophæve til én bestemmelse, men snarere forholder sig kompletterende til hinanden. Det er derfor umuligt at give et entydigt og endeligt svar på spørgsmålet: hvad er det postmoderne hos Lyotard?

Litteratur

Udvalgte tekster på skandinaviske sprog, primært om *Viden og det postmoderne samfund*, frem til 1996 (bøger og artikler, der tidligere er nævnt i noter, er ikke medtaget).

Andersen, Jørn Erslev. 1990. "Så de ikke forstår hverandres tungemål — in loco subiectum" i H. Hauge (red.) *Subjektets status*, Aarhus Universitetsforlag

Boll-Johansen, Hans. 1985. "Værdibegrebet i fransk modernisme og postmodernisme", *Fønix*, 4, København

Descombes, Vincent. 1986. "Ved verdens ende" i V. Descombes *Moderne fransk filosofi*, Modtryk

Eriksen, Tore & Knut Ove Eliassen (red.). 1995. *Fornuftens former — Habermas og Lyotard*, Spartacus

Frandsen, Finn. 1982. "Efterord" i J.-F. Lyotard *Viden og det postmoderne samfund*, Sjakalen

Frandsen, Finn & Erling Hommelgaard. 1986. "Den postmoderne betingelse" i V. Descombes *Moderne fransk filosofi*, Modtryk, Århus

Friis, Helmut. 1985. "Areligionens æra — om postmoderniteten og religionen", *Fønix*, 4, København

Harste, Gorm. 1985. "Legitimationskritiske kontroverser mellem Wittgenstein og Luhmann: en dekonstruktion af Lyotards legitimationskritik", *Nordisk forum*, 47/48, vol. 20, nr. 3/4, København

Jensen, Jens F. 1987. "Det postmoderne for begyndere", *Passage*, 3/4, Århus

Schepelern, Peter. 1989. "Spøgelsets navn — filmen, metakunsten og det postmoderne", *Kosmorama*, 189, København

Sejten, Anne. 1986. "Lyotards strid med postmodernismen", *Slagmark*, 6, Århus

Stjernfelt, Frederik. 1987. "Post. Om de helt små andetheder og fornuftens mening-itis", *Den blå port*, 7, København